고기왕 가족의
나쁜 식탁

고기왕 가족의
나쁜 식탁

글 김민화 | 그림 소복이 | 감수 김종덕

위즈덤하우스

🌿 **감수자의 말**

음식 선택에 우리의 미래가 달려 있어요

　세계적으로 육류 소비가 늘어나고 있고, 이로 인해 많은 문제가 발생하고 있습니다. 육류 소비가 늘어나게 된 배경으로 우선 소득 증대를 들 수 있습니다. 일반적으로 소득이 늘어나게 되면 식생활 패턴이 바뀌게 되면서 육류 소비가 늘어납니다. 다음으로 식생활에 서구 음식의 영향력이 커진 것을 들 수 있습니다. 서구 음식에는 고기가 포함되어 있는 것이 많아 그러한 음식을 먹게 되면, 육류 소비가 늘어나게 됩니다.

　사람은 잡식성이기 때문에 고기를 먹는 것이 문제가 되지는 않습니다. 영양 보충과 먹는 즐거움을 고려한다면, 적당한 고기 섭취는 오히려 몸에도 좋고 필요하다고 할 수 있습니다. 하지만 고기를 너무 많이 먹으면 건강에 문제를 일으킬 수 있습니다. 또 사람들이 고기를 많이 먹어 육류 수요가 크게 늘어나게 되면, 대규모로 육류를 공급해야 하고, 이것이 또 많은 문제를 일으키게 됩니다.

　오늘날 늘어난 육류 수요에 맞추어 육류를 대규모로 공급하기 위해 공장형 방식으로 가축을 사육하는 이른바 공장식 축산이 자리했습니다. 이러한 축산 방식은 곡물을 많이 소비하기 때문에 문제가 됩니다. 사람이 곡물을 먹는 것과 같은 양의 곡물을 사료로 해서 사육한 고기를 먹는 것을 비교하면, 고기를 먹는 것이 몇 배의 곡물을 더 소비하게 되는데, 돼지고기의 경우 5배, 쇠고기의 경우 10배의 곡물을 더 소비하게 됩니다.

　그리고 공장식 축산은 환경에 문제를 일으킵니다. 대규모로 방출되는 가축들의 똥오줌이 땅과 물을 오염시키고, 거기에서 발생하는 메탄 가스가 지구온난화에도 영향을 미칩니다. 또 공장식 축산에서는 질병을 예방하기 위해 항생제를 투여하는데, 이것이 우리가 먹는 고기에도 남게 됩니다. 더구나 공장식 축산에서는 사육하는 동물들을 마구 대하기 때문에 동물 복지를 침해하는 일도 일어나고 있습니다.

　앞으로 여러분이 고기를 먹을 때 그냥 먹기보다 자신이 고기를 먹음으로써 생기는 결과를 생각해 보기 바랍니다. 고기를 많이 섭취하게 되면, 여러 문제를 만드는 공장식 축산의 확대에 찬성표를 던지는 것과 마찬가지인 셈입니다. 여러분의 음식 선택에 따라 여러분의 미래가 달려 있다고 생각하고 음식을 먹기를 권합니다.

김종덕 경남대학교 사회학과 교수

차례

감수자의 말 | 음식 선택에 우리의 미래가 달려 있어요 4

1 득득 박박, 온몸이 가려워 죽겠다고! 10
◆ 건강을 지키기 위한 식품 선택

2 초록 식탁 16
◆ 균형 잡힌 식단이란?
◆ 친환경 학교급식이 중요해

3 채식주의 여신 24
◆ 발우 공양과 빈그릇 운동
◆ 채식주의와 환경 실천

4 데이트는 패스트푸드점에서! 32
◆ 환경을 해치는 과대 포장
◆ 음식물 쓰레기와 물고기의 죽음
◆ 패스트푸드와 슬로푸드

5 햄버거를 둘러싼 불편한 진실 44
◆ 햄버거를 먹기 위해 치르는 대가
◆ 육식과 기아 문제의 관계는?

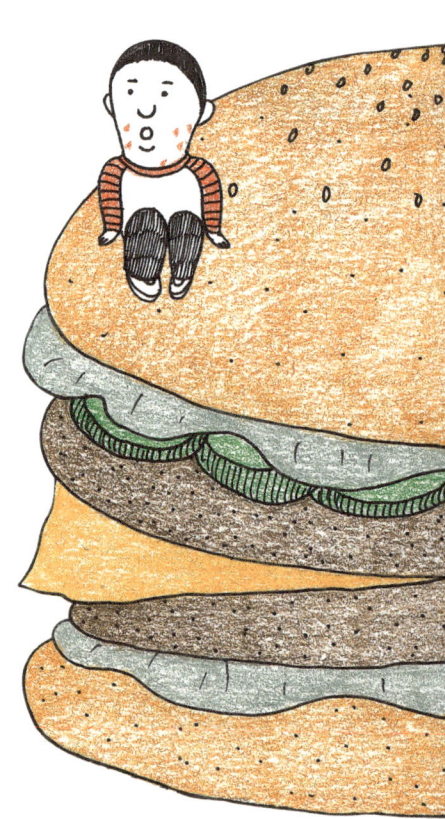

6 고기남 씨의 반란   54

- ◆ 육질 좋은 고기, 항생제 덩어리일 수도?
- ◆ 청정 지역 소고기를 강조하는 이유
- ◆ 푸드 마일리지와 로컬 푸드

7 콩 심은 데 콩 난다?   62

- ◆ 유전자조작 식품과 품종개량 식품
- ◆ 농약과 친환경 농사
- ◆ 유전자조작 식품에 어떤 것이 있을까?

8 부자들만 할 수 있는 건강 식단?   72

- ◆ 냉장고에 쌓아둔 음식이 환경오염의 주범
- ◆ 환경과 건강을 지키는 우리의 실천 10계명

9 토마토야, 주렁주렁 열려라!   78

- ◆ 지구 환경을 위한 텃밭 가꾸기
- ◆ 도시 농업에서 실내 텃밭까지

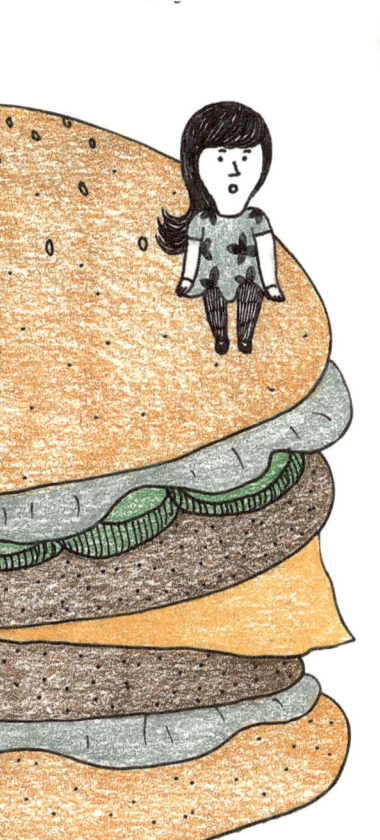

작가의 말 | 한 끼 식사로 지구촌을 아름답게 할 수 있어요   88

🌿 이 책에 나오는 사람들

고기남
고기보의 아빠. 하루라도 고기를 거르면 입안에 가시가 돋는다는 고기 마니아. 과한 육식 섭취로 남산만 한 배를 자랑한다.

소금녀
고기보의 엄마. 이름만큼이나 짠 음식 만들기의 대가이나 고기보의 아토피로 건강식단을 공부하고 가족의 식탁을 바꾸기 시작한다.

고기왕
고기반찬 없이는 절대 밥을 먹지 않는 고기왕. 그러나 아토피로 고생하고 나고은과 사랑에 빠지면서 환경 실천 소년으로 변하게 된다.

나고은

전교 남학생들의 마음을 설레게 하는 '초록초등학교 여신'이다. 친환경 먹을거리를 실천하는 야무진 아이지만 아는 건 꼭 티를 내야 하는 성격이다.

전불만

초록초등학교에서 일어나는 모든 일에 참견해야 직성이 풀리는 아이. 눈치가 있는 듯, 없는 듯 종잡을 수 없다.

1 득득 박박, 온몸이 가려워 죽겠다고!

"에이, 가려워! 왜 이렇게 가렵지?"

"얘가 왜 이렇게 긁어 대? 땀띠 난 거 아니야? 천방지축 뛰놀고 잘 씻지 않으니까 이러지."

"엄마! 저, 어제 깨끗이 씻고 잤다고요."

소금녀 씨는 아들의 말은 들은 척도 안 하고 계속 팔뚝과 종아리를 살폈다. 고기왕은 고개를 뒤로 젖히고 소금녀 씨에게 목을 들이댔다.

"학교 다녀온 뒤 엄마랑 피부과에 가 보자."

학교에서도 가려움증은 사라지지 않았다. 가려워서 긁고 또 긁고, 아무리 긁어 대도 시원하기는커녕 오히려 아프기까지 했다. 긁은 자리가 빨갛게 부어올라 목과 턱의 경계선이 없어진 것 같았다. 수업 시간에도 선생님 말씀은 하나도 들리지 않았고, 어떻게든 가려운 것만 멈췄으면 좋겠다는 생각뿐이었다.

아니, 이건 또 뭐냐? 여드름인가?

고기요! 전 고기 없이는 한 끼도 안 먹어요.

저런! 이제부턴 식단을 바꾸어야 해요. 아토피는 체질 개선을 해야 나을 수 있어요. 약을 바르면 가려운 건 덜하겠지만 일시적일 뿐이에요. 고기는 절대 안 되고, 채식 위주로 해야 해요. 조미료나 이런 것도 넣지 마시고요. 너무 짜거나 달거나 한 것도 안 돼요.

간도 안 하고 밍밍하게 먹어야 한다는 말씀이세요?

고광택 피부과

이런, 이런, 고기는 절대 안 된다니……. 그럼, 대체 뭘 먹고 살라는 말인가? 채소만 먹는 것보다는 가려운 게 나을래나?

득득

2 초록 식탁

    소금녀 씨는 병원에서 아토피에 좋다는 식단표를 받아 왔다. 그러고는 초록 잎으로 무성한 장바구니를 풀고, 밤늦도록 퉁탕퉁탕 음식을 만드느라 바빴다. 한편 고기왕은 밤새 여기저기를 긁어 대느라 잠을 설쳤다. 병원에서 준 약을 발라도 금세 효과가 나타나는 것은 아니었다.

    다음 날 아침 식사 시간.

    "아니, 이게 뭐예요? 온통 초록색이잖아요."

    "앞으로 너는 이런 반찬만 먹어야 한다고. 엄마가 얼마나 열심히 준비한 건데 그래? 투덜거리지 말고 얼른 먹어."

    고기왕은 아토피로 부어오른 팔목을 한 번 쳐다보고 식탁을 한 번 쳐다보았다. 그러고는 도저히 안 되겠다는 듯 고개를 절레절레 흔들고는 그대로 자리에서 일어나 집을 나왔다.

아침을 먹는 둥 마는 둥 하고 나왔더니, 수업 시간 내내 배에서는 천둥 번개가 치듯 꾸르륵 소리가 났다. 오늘따라 시간이 더디 가는 것만 같았다.

점심시간을 알리는 음악 소리가 울리기 무섭게 고기왕은 급식실로 냅다 달렸다. 그러나 배식대에 놓여 있는 반찬들을 보고는 기겁을 했다.

콩나물국, 김치, 멸치 볶음, 쌈 채소, 두부조림, 햄 볶음 끝! 그나마 다행인 건 급식 당번이 같은 반 친구 전불만이라는 것이었다.

　배는 무지 고팠지만 급식판을 내려다보자 영 식욕이 안 생겼다.
　끝내 미련을 버리지 못하고 배식줄 옆에서 혹시나 햄이 조금 남을까 서성거렸다. 하지만 오늘 급식 메뉴를 보니 모든 애들이 햄만 바라보고 있는 것 같아 할 수 없이 발걸음을 돌렸다.

3 채식주의 여신

"와! 정말 맛있겠다. 내가 좋아하는 게 다 있네!"

순간 어디선가 낭랑한 목소리가 울렸다. 나고은이었다. 나고은은 초록초등학교 여신이라고 불리며 수많은 남자아이들의 가슴을 떨리게 만드는 장본인이었다. 나고은이 윤기 흐르는 생머리를 찰랑찰랑 휘날리며 걸을 때면 후광이 번쩍이는 듯했다.

나고은은 급식 당번에게 햄 대신 김치와 쌈 채소를 많이 달라고 했다.

"우아, 보기보다 많이 먹네!"

속으로만 생각한다는 게 저도 모르게 불쑥 튀어나오고 말았다.

"맛있는 거잖아."

나고은이 싱긋 웃으며 대꾸했다. 그 미소에 고기왕의 심장이 쿵쾅쿵쾅 뛰었다. 나고은이 식판에 음식을 다 받고 자리에 앉자, 고기왕은 자기도 모르는 사이에 나고은의 앞쪽에 자리를 잡고 앉았다.

고기왕은 나고은과 대화하다 보니 어느새 자신의 식판이 깨끗하게 비워져 있는 것을 발견하고는 자신이 배가 고프긴 고팠나 보다 생각했다. 그런데 나고은의 식판도 깨끗하게 비워져 있었다.

"너도 배고팠니? 보통 여자애들은 밥 남기기 일쑨데, 너는 싹 비웠네."

❖ 빈그릇 운동 ❖

우리나라에서는 음식물 쓰레기를 줄이자는 빈그릇 운동도 전개되고 있어. 이 운동은 불교 정토회 산하 단체인 에코붓다를 중심으로 확산되고 있는데, 온라인(www.jungto.org)과 오프라인을 통해 "나는 음식을 남기지 않겠습니다"라는 서약서를 작성한 뒤 가정이나 학교에서 실천하는 거야.

먹을 만큼만 담아서, 남기지 않고 싹싹 다 비워서 음식물 쓰레기가 생기지 않도록 하는 거지. 이로써 식재료가 낭비되는 것도 막을 수 있고, 음식물 쓰레기를 처리하는 데 사용되는 비용도 아낄 수 있고, 환경오염도 줄일 수 있는 거야. 이 운동에 동참한 학교나 군대의 급식에서는 남는 음식이 거의 생기지 않고 있으며, 사람들은 빈그릇 운동을 통해 음식이 환경에 연결되어 있음을 깨닫고 있지.

발우 공양을 하면 음식물 쓰레기 걱정도 없지. 우리나라에 음식물 쓰레기로 버려지는 식량 자원의 가치는 한 해 18조 원이 넘는다고. 이 쓰레기를 처리하는 비용도 약 6천억 원이 들어가지.

음식물 쓰레기를 줄이는 것만으로도 어마어마한 돈을 절약할 수 있어.

우리도 스님들처럼 식사한다면 음식물 쓰레기도 없겠네.

맞아. 우리가 음식을 먹을 수 있는 것을 감사하게 생각해야 해. 그렇다면 함부로 버리는 일도 없을 테니까.

4 데이트는 패스트푸드점에서!

　전교의 남학생들이 모두 좋아하는 '초록초등학교' 여신 나고은이 고기왕에게 '멋지다'고 하다니, 이건 고기왕 일생일대의 사건이었다. 그날부터 고기왕은 나고은 생각만 하면 심장이 콩닥콩닥 뛰고, 괜스레 얼굴이 붉어지고, 입꼬리가 자꾸만 올라갔다.
　'데이트 신청을 해야겠어. 나랑 사귈래? 흐, 어떻게 말해야 하지?'
　고민이 많아지니 여기저기 더 가려웠다. 그래도 나고은에게 잘 보이겠다는 마음으로 약도 열심히 바르고, 채소도 눈 딱 감고 열심히 먹었다.

야, 고기왕! 너 무슨 고민 있냐?

아냐, 고민은 무슨.

귀신은 속여도 이 전불만 님은 못 속인다. 솔직히 털어놔, 빨리!

그럼…… 아니다. 네가 뭘 알겠냐?

왜 이래? 내 이름이 왜 전불만인 줄 잊었냐? 전교생이 불만 없는 해결사 아니야. 얘기해 봐!

사실, 내가 나고은에게 고백하려고 하는데.

뭐, 나고은? 푸하하핫! 나고은이 널 만나 준대?

쉿! 조용히 해.

며칠 뒤, 드디어 햄버거 세트 2인분을 살 돈을 모은 고기왕은 나고은의 서랍에 몰래 쪽지를 넣었다. 그러고는 수업시간 내내 안절부절못하다가 종이 울리자마자 햄버거 가게로 달려갔다.

일찌감치 창가에 자리를 잡고 앉은 고기왕은 유리창에 자기 모습을 비춰 보며 잔뜩 폼을 잡기 시작했다. 양미간에 힘을 주고 드라마 〈좋은 남자〉의 꽃미남 주인공 같은 표정을 짓고 있는데, 창밖의 나고은과 눈이 딱 마주치고 말았다. 나고은이 얼핏 비웃는 것도 같았지만, 고기왕은 애써 태연한 척 점잔을 빼고 앉았다.

드디어 햄버거 가게 안으로 여신이 모습을 나타냈다. 막상 나고은이 앞에 앉자 연습했던 멋진 표정은 지어지지 않았다. 거기에 나고은의 표정은 싸늘하기 그지없었다.

5 맛있는 햄버거의 불편한 진실

　고기왕은 나고은과 쉽게 사귈 수 있을 거라고 생각하지 않았다. 하지만 이 똑똑한 여자아이의 마음을 사는 것이 이렇게까지 어려울 줄은 미처 몰랐다. 그렇다고 벼르고 별러 만든 오늘의 자리를 쓰레기 때문에 망치고 싶지는 않았다.
　"그래도 햄버거는 먹고 가자."
　"햄버거?"
　"그래, 여기 햄버거 엄청 맛있어. 너도 이 집 햄버거 맛을 보면 쓰레기쯤은 당연하게 생각될 거야."

'쳇! 은근 잘난척쟁이였네. 좀 대충 넘어가면 안 되나?'
고기왕은 툴툴거리면서 집으로 향했다. 그래도 나고은이 약속 장소에 나온 것을 보면 자기가 싫지는 않은 거란 생각이 들었다.
'좋아, 햄버거에 대해 공부 좀 해 볼까? 나고은이 깜짝 놀랄걸!'
고기왕은 나고은의 마음을 사로잡기 위해 먹을거리에 관한 공부를 하기로 결심했다.

햄버거를 먹기 위해 치르는 대가

햄버거를 먹기 위해 우리가 살고 있는 지구를 죽이고 있다는 사실을 알고 있니?

계산해 보면, 햄버거 1개에 들어가는 소고기를 만들기 위해 2.5평의 땅이 필요하다고 해. 그만큼의 땅을 파괴하고 있는 셈이지.

목축을 하기 위해 나무를 베어 내는데, 대부분 사료를 만들기 위한 곡물을 기르려고 하는 거야. 가축을 방목하기 위해 전 세계의 60% 이상의 목초지가 파괴되었고 매년 남한 크기만 한 땅이 사막으로 변하고 있어.

그것 봐. 햄버거는 그만 먹어야 해.

그것만이 아니야. 나무를 베어 내면 물이 땅속으로 스미지 못하고 그대로 강물과 바다로 흘러가게 되어 물 부족 현상이 생겨. 게다가 농경지 관개, 도살장 운영, 부패 방지를 위한 냉동, 정화 시설 운영 등을 위해 수백 억 리터의 물을 사용하고 있어.

6 고기남 씨의 반란

    고기왕은 그동안 눈길도 주지 않았던 음식들을 먹기 시작했다. 콩자반, 두부 부침, 콩국수까지. 그것만이 아니었다. 뻣뻣해서 싫다던 초록 잎사귀들에 된장을 발라 쌈을 싸 먹기도 하고, 오이와 고추를 아삭아삭 베어 먹기도 했다. 소금녀 씨는 식단을 바꾸면서 고기왕이 책상에 앉아 공부하는 시간까지 길어졌다며 기뻐했지만 사실은 먹을거리와 환경에 관한 공부를 시작하면서 먹는 음식이 바뀌고, 자료 찾느라 책상 앞에도 오래 앉게 된 것이다. 소금녀 씨도 채식 위주의 식단을 만드느라 이 책 저 책을 살펴보고 새로운 음식을 개발하려고 노력했다.
    그러던 어느 날, 고기남 씨가 퇴근길에 시커먼 봉투를 들고 오더니 식탁에 떡하니 올려놓았다.

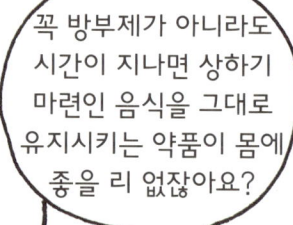

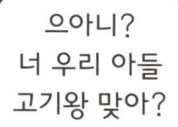

소금녀 씨는 고기남 씨가 사 온 고기를 팔팔 끓는 물에 익혀서 기름기를 쏙 빼고, 무와 배추로 보쌈김치를 담갔다.

기운이 없다던 고기남 씨는 간만의 고기반찬에 싱글벙글했고, 배가 들어갔다는 말에 채소를 잔뜩 싸서 먹었다. 고기왕도 나고은에게 폼 나게 얘기할 것을 부모님께 미리 써먹은 것이 무척 기분 좋았다. 아! 이래서 사람은 공부를 해야 해, 공부를!

푸드 마일리지와 로컬 푸드

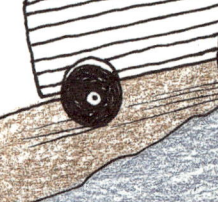

푸드 마일리지=운송 거리(km)×식품수송량(t)이에요. 예를 들어 3t의 식품을 100km 떨어진 곳으로 운송했을 경우의 푸드 마일리지는 3t×100km=300t·km가 되는 거예요.

식품이 우리 식탁에 오기까지의 거리?

푸드 마일리지를 아나요?

마일리지는 비행기를 타면 쌓이는 거잖아?

맞아요. 푸드 마일리지는 우리가 비행기를 탄 거리만큼 비행 마일리지로 쌓아 주듯이, 식품이 생산·운송·유통 단계를 거쳐 소비자의 식탁에 오르기까지 소요된 거리를 말해요.

7 콩 심은 데 콩 난다?

고기왕은 나고은과 얘기를 나누는 시간이 많아지면서 점점 친해졌고, 초록초등학교 공식 커플로 소문나 모든 남자아이들의 부러움을 샀다.

방과 후 도서관 앞에서 둘이 한참 수다를 떨다 보니 목이 말랐다. 그때 나고은이 가방 안에서 빨갛고 윤이 나는 사과를 꺼내더니, 양손으로 잡고 쩍 하고 쪼갰다.

'헉, 무슨 여자애가 힘이 이렇게 세?'

나고은은 사과 반쪽을 고기왕에게 내밀었다. 하지만 고기왕은 사과 반쪽을 들고 빤히 바라보기만 할 뿐이었다.

고기왕은 나고은으로부터 또 숙제를 받은 기분이었다. 나고은 앞에서 멋지게 아는 척하려면 얼마나 더 공부를 해야 하는 걸까?

고기왕은 컴퓨터를 켜고 농산물에 관한 정보들을 찾기 시작했다. 그러다 유전자조작 농산물에 관한 글을 보게 되었다. 콩이나 옥수수 같은 작물들을 한 번에 더 많은 양을 수확하기 위해 유전자조작을 하는데 이것이 사람 몸에 해가 될 수 있다는 내용이었다.

이럴 수가! 그동안 고기 대신 얼마나 많은 콩 가공식품들을 먹었던가? 콩자반, 두부, 두유, 콩국, 콩나물……. 콩콩콩콩.

고기왕은 벌떡 일어나 엄마를 부르기 시작했다.

작물에 유전자조작을 하는 것은 강한 제초제에도 끄떡없고 해충을 죽이는 독성 물질을 가지도록 만들기 위한 것이지. 하지만 유전자조작으로 만들어진 독성이 인체 내에서도 그대로 발견되기도 하고, 우리 몸의 건강을 유지하는 면역 체계를 교란시키는 결과를 가져올 위험이 매우 높아. 이런 유전자조작 식품에는 다음과 같은 것들이 대표적이야.

유전자조작 식품에는 어떤 것들이 있을까?

❶ **콩** 가장 대표적인 유전자조작 작물이야. 유전자조작 콩은 특정 박테리아로부터 뽑아낸 유전자를 콩 속에 삽입하는 방식으로 만들어졌는데 제초제에도 끄떡없이 버틸 수 있지.

❷ **옥수수** 대개 해충을 죽이는 약물을 이겨 낼 수 있도록 유전자를 조작하는데, 옥수수 자체에 벌레를 죽이는 독소를 만들어 내도록 유전자를 조작하기도 해.

❸ **쌀** 제초제를 이겨 내고 비타민을 많이 포함하도록 유전자를 조작한다고 하지만 다른 식품을 통해 섭취할 수 있는 비타민 양에 비하면 턱없이 부족할 뿐이지.

❹ **유채씨** 원래의 유채씨는 독성 물질이 있어 식용으로 사용할 수 없지만 유전자조작을 통해 식용유로 사용하게 되었다고 해. 시중에 팔고 있는 카놀라유는 유전자조작 유채씨로 만든 거야.

❺ **면화** 해충제에 강한 것뿐만이 아니라 해충을 아예 죽이는 물질을 만들어 내도록 유전자를 조작한다고 해. 그 독성이 얼마나 강한지 근처 다른 농장의 해충까지 없애 버릴 정도래.

❻ **토마토** 썩는 물질을 만들어 내도록 유전자를 조작해서 오랜 시간 동안 신선도를 유지하도록 하지.

◆ 유전자조작 작물을 생산하는 나라들 ◆

전 세계적으로 유전자조작 작물을 가장 많이 재배하는 나라는 미국이야. 뒤이어 브라질, 아르헨티나 등의 남미 국가들과 인도, 중국 등이 있지. 유전자조작 식품을 피하려면 식품의 원산지 표기를 확인하는 것이 중요해.

◆ 유전자조작 식품의 무시무시한 영향 ◆

최근 프랑스의 한 대학 연구에서는 유전자조작된 옥수수를 2년 동안 먹고 산 쥐들이 종양과 내장 기관의 이상은 물론 짧은 수명이 나타났다고 해. 아직 확실한 연구 결과가 밝혀지지는 않았지만 유전자조작 식품이 사람에게도 여러 종류의 질병과 기형아 출산을 유발할 가능성이 의심되고 있지.

유전자조작 작물은 생태계에도 부정적인 영향을 미칠 수 있어. 유전자조작 작물의 종자가 유입되어 토종 작물이 자라는 것을 방해할 수 있지.

유전자조작 작물을 찬성하는 사람들은 생산량 증대로 식량 문제를 해결할 수 있고, 농약의 사용을 자제할 수 있기 때문에 환경을 보호할 수 있다고 주장해. 하지만 식량 부족 문제는 정치, 경제의 복잡한 문제가 얽혀 있으며, 유전자조작 작물의 증가에도 농약 등의 사용이 줄어들지 않고 있어.

가장 무서운 것은 아직까지 이런 유전자조작 작물이 우리의 삶과 환경에 어떠한 영향을 미치게 될지 완전히 알아내지 못했다는 거야.

❼ **식물성 기름** 유전자조작 작물인 콩, 유채, 옥수수, 면화씨로 만든 식물성 기름도 유전자조작 물질들을 그대로 가지고 있어.

❽ **꿀** 꿀에 직접 유전자조작을 하지는 않지만 유전자가 조작된 곡물의 꽃에서 꿀이 만들어질 수 있어.

❾ **유제품** 미국 소의 상당수는 유전자조작된 성장호르몬 주사를 맞아. 이런 소에서 짜낸 우유와 유제품들도 마찬가지 성분을 담고 있지.

❿ 이밖에도 **감자, 아마, 파파야, 호박, 카카오, 사탕무, 밀, 치커리, 담배** 등의 작물에도 유전자조작을 가하지.

8 부자들만 할 수 있는 건강 식단?

오늘 수업은 건강에 좋은 음식과 건강을 해치는 음식에 대해 조사해서 발표하기로 한 날이다.

'결국 이런 날이 오는구나!'

이 발표를 위해 고기왕은 그간 늦은 밤에도 책상 앞을 떠나지 않았고, 소금녀 씨는 고기왕의 공부에 방해가 된다며 좋아하는 텔레비전 연속극도 보지 않았다. 그동안 공부했던 것을 선생님과 다른 아이들 앞에서 자랑할 수 있다는 생각에 흥분되기까지 했다. 벌써부터 아이들의 탄성이 들리는 듯했고, 나고은의 흐뭇한 미소가 보이는 것 같았다.

드디어 발표 시간!

고기왕은 아토피로 고생하던 자신의 이야기로 시작해 육식의 해로움과 채식의 장점을 설명했다. 인터넷에서 내려받은 동영상을 보여 주고, 채소와 과일 위주의 건강 식단의 예도 보여 주었다. 그런데 한 아이가 손을 번쩍 들었다.

"그렇게 먹고 살려면 엄청 돈이 많아야 하는 거 아닌가요?"

고기왕은 당황했다. 이때 눈치 없이 전불만까지 가세했다.

"시장이나 마트에 가면 채소와 과일 값이 엄청 비싸잖아요. 게다가 유기농인지 뭔지 상표가 붙은 건 훨씬 더 비싸요. 세끼 식사를 그렇게 먹는 건, 부자들만 할 수 있을 거예요."

'뭐냐, 전불만! 일생에 도움이 안 돼요!'

틀린 말은 아니지만 기대했던 반응과 달라 마음이 상했다.

"제철 음식?"
"채소와 과일들은 수확되는 계절이 다른데, 그때그때 많이 수확되는 채소나 과일은 값이 싸니 제철 음식을 사는 것이 이득이에요."
고기왕은 어느덧 뒷전이 되었고, 나고은과 반 아이들의 열띤 토론이 시작되었다.

나고은 앞에서 멋진 모습을 보이려고 노력했는데, 전불만 때문에 다 망쳤다. 고기왕이 전불만을 노려봤지만, 전불만은 아무것도 모른다는 표정으로 짝꿍과 장난만 치고 있었다.

한 아이가 손을 들고 덧붙여 말했다.

"싸게 사는 것도 중요하지만 적게 사는 게 좋아요. 냉장고를 보면 안 먹고 오랫동안 두는 음식이 많잖아요. 채소와 과일도 싸다고 많이 사다 두니까 시들시들하고 말이에요."

환경과 건강을 지키는 우리의 실천 10계명

고기왕의 맹세

1. 육식보다는 채식 위주의 식사를 한다.
2. 친환경 식품 표시가 된 먹을거리를 선택한다.
3. 대량 구매보다는 한 번에 먹을 만큼만 구매한다.
4. 일회용 포장이나 포장된 반조리 식품의 소비를 줄인다.
5. 주기적인 냉장고 청소와 정리로 음식물 쓰레기를 줄인다.
6. 음식을 남기지 않아 음식물 쓰레기와 세제 사용을 줄인다.
7. 제철에 나오는 식재료로 만든 음식이나 과일을 먹는다.
8. 패스트푸드보다는 슬로푸드를 먹는다.
9. 먼 거리 수입 식품보다는 푸드 마일리지가 적은 로컬 푸드를 먹는다.
10. 가족 농장이나 집 안의 작은 텃밭에서 채소를 길러 먹는다.

이렇게 쌓인 음식물은 쓰레기로 버려질 뿐만 아니라 필요 이상으로 많은 전기를 사용하게 돼.

주기적인 냉장고 청소와 보관 식품의 관리는 우리가 할 수 있는 가장 손쉽고 효과적인 환경 실천이야. 냉장고에 보관하는 식품의 양을 반으로 줄이면 음식물 쓰레기는 물론 전기 요금도 줄일 수 있어.

당장 냉장고 정리부터 해야겠다.

음식을 보관하기 전에 반드시 식품을 구입한 날짜를 표기해서 가능한 빠른 기간 안에 먹도록 해. 또 단단하게 포장해서 오염이나 냄새를 줄이는 것도 중요하지.

9 토마토야, 주렁주렁 열려라!

　토요일 아침, 고기왕의 가족들은 아침을 먹고 북한산 둘레길 산책을 하기로 했다.
　"엄마, 빨리빨리요!"
　"나가서 간단하게 사 먹으면 되잖아?"
　고기남 씨와 고기왕은 식사 준비에 바쁜 소금녀 씨를 재촉했다.
　"빨리빨리, 그게 우리 건강을 해치고, 환경을 해치는 거라고."
　소금녀 씨는 뚝배기에서 바글바글 끓고 있는 된장찌개를 식탁에 놓으며 말했다.
　"그건 엄마 말이 맞아요."
　고기왕은 금세 소금녀 씨의 얘기에 맞장구를 쳤다.
　"뭐야, 모자간에 편이라도 먹은 거야?"
　고기남 씨는 퉁명스럽게 말했지만 내심 흐뭇했다.
　"어, 된장찌개 시원하다. 역시 집밥이 최고야!"
　고기왕도 구수한 된장찌개가 맛있기는 했지만, 늦지 않게 산책을 갈 생각에 마음이 급해 허겁지겁 먹기 시작했다.

"천천히 가요. 이이는 산책도 시합처럼 한다니까."
소금녀 씨는 앞서 가는 고기남 씨를 부르며 말했다.
"빨리빨리 걸어야 운동이 될 거 아냐? 뱃살을 쏙 빼서 총각 때 몸매를 보여 줄 테니 기다리라고."
고기남 씨는 속도를 늦추기는커녕 너스레를 떨며 걸음을 재촉했다.
오랜만에 세 식구가 깔깔거리며 나선 즐거운 산책길이었다. 그것도 제시간에 말이다! 고기왕에게는 무엇보다 산책 시간을 정확하게 지켜야 할 아주 중요한 이유가 있었다.

"그래? 그럼 우리도 텃밭 만들어 볼까?"
소금녀 씨는 고기남 씨를 돌아보았다.
"좋지! 그러자고."
고기남 씨도 이런저런 모종을 살펴보며 맞장구를 쳤다.
"이건 내가 기를 거예요."
고기왕은 방울토마토 모종을 집어 들었다.
"네가 기른다고? 약속 지키는 거다."
"그럼 각자가 고른 것은 자기가 책임지고 기르기로 해요."
고기남 씨와 소금녀 씨는 상추와 고추 모종을 골랐다. 두 사람도 고기왕 못지않게 기분이 좋아 보였다. 고기왕은 빨갛게 잘 익은 방울토마토를 나고은에게 줄 생각에 절로 웃음이 났다.
토마토야, 얼른 자라서 주렁주렁 열려라!

도시 농업에서 실내 텃밭까지

◆ 도시 농업 ◆

세계의 여러 도시뿐 아니라 우리나라 도시에서도 도시 농업을 생활환경 운동의 실천 방안으로 삼고 있어. 도시 농업 운동을 벌이는 도시들은 '도시에서 나무처럼 살기' 활동의 하나로 텃밭 가꾸기를 추진하고 있지. 다양한 캠페인과 강좌를 열고 있는 것은 물론 '1인 1텃밭 상자'를 보급하고 옥상, 폐가, 노는 땅 등 자투리 공간을 텃밭으로 만들거나 '**공동체 텃밭** community garden'을 만들어 함께 농사를 짓기도 해.

◆ 주말농장 ◆

주말농장을 이용해서 텃밭 가꾸기를 할 수도 있는데, 땅 한 평, 나무 한 그루 등을 분양하여 직접 가꿀 수 있지. 요즘은 도시 근교뿐 아니라 시내에서도 주말농장을 분양하고 있다고 해. 주말농장에서는 비옥한 토양에서 채소 가꾸는 법 등을 배울 수 있어 초보자도 쉽게 농사를 지을 수 있지.

◆ 실내 텃밭 가꾸기 ◆

요즘은 많은 사람들이 아파트에서 살기 때문에 농사를 지을 땅을 구하는 것이 쉽지 않아. 그렇다고 방법이 없는 것은 아니야. 사과 박스와 같은 상자만 있다면 실내에서도 얼마든지 텃밭을 가꿀 수 있어. 높이가 50cm 가량 되는 상자에 흙을 채우면 고추, 오이, 가지, 토마토 등 열매채소를 기를 수 있어. 햇빛이 적어도 무난히 자랄 수 있는 미나리, 참나물, 부추, 생강 등도 실내 텃밭에서 기를 수 있고, 볕이 잘 드는 곳이라면 상추, 쑥갓, 파, 시금치 등도 길러 먹을 수 있지. 초보자들은 깻잎, 상추 등과 같이 키우기 쉽고 빨리 자라는 채소부터 시작하는 것이 좋다고 해.

◆ 콩나물 키우기 ◆

흙을 채워 채소를 기르는 것이 어렵다면 물만 주는 것은 어때? 집에서 콩나물 기르기는 정말 쉬워. 유전자조작 가능성이 있는 수입 콩나물 걱정을 할 필요도 없지. 먼저 시루를 준비해 바닥에 망사를 깐 뒤 플라스틱 통 위에 얹어 놓아. 2~3시간 불린 메주콩을 시루의 ⅓가량 채워 넣고 물만 주면 콩나물이 쑥쑥 자라지. 햇빛을 쬐이면 콩이 초록색으로 변하니까 볕이 없는 곳에 두고 검은 천으로 덮어 두어야 해. 매일 4~7회 이상 물을 주면 5일 후에 콩나물 반찬을 먹을 수 있지. 상점에서 판매하는 콩나물 재배기를 이용하는 것도 좋아.

작가의 말

한 끼 식사로 지구촌을 아름답게 할 수 있어요

    배가 고플 때 가장 먼저 떠오르는 음식이 무엇인가요? 가족들과 외식할 때 먹고 싶은 음식은 무엇인가요? 패스트푸드점의 햄버거 세트나 푸짐한 스테이크를 떠올렸다면 고기왕의 이야기에 귀 기울여 볼 필요가 있어요. 우리가 먹는 한 끼 식사가 지구 환경과 사람들을 병들게 할 수도 있고, 반대로 건강하게 할 수도 있거든요.

    패스트푸드가 만들어 낸 쓰레기, 대량생산을 위한 유전자조작, 고기를 생산하기 위한 목초지의 파괴, 오랫동안 식품을 저장하기 위해 넣는 첨가물들, 자연을 거스르기 때문에 생겨난 각종 질병 등이 우리의 먹을거리와 항상 함께하지요. 그리고 그것들은 우리가 줄이지 않는 한 점점 더 그 영향이 커지게 돼요. 나 하나쯤 어때? 하며 행한 작은 일이 다른 곳에는 치명적인 결과를 만들어 낼 수 있거든요. 결국 잘못된 먹을거리는 지구촌 한마을로 연결된 이 땅을 병들게 하고, 모두의 건강과 생명을 위협하지요.

    우리가 할 수 있는 최선은 올바른 먹을거리를 고르는 거예요. 느리게 조리되는 과정을 기다릴 수 있고, 제철에 나는 과일과 채소를 즐기고, 육식을 줄이며, 정직한 방법으로 수확하고 가공된 식품을 고르는 것으로 무리한 환경 파괴를 막고 우리의 건강을 지킬 수 있지요.

    이 책의 주인공 고기왕도 무책임한 식사를 하고 있었지요. 고기왕의 가족 모두가 육식만을 고집하는 식생활을 즐겼어요. 그러다 생겨난 아토피. 득득 박박 온 몸을 긁으면서도 좀처럼 고쳐지지 않던 고기왕의 식습관은 나고은을 만나면서

달라지기 시작했어요. 단지 사랑에 빠졌기 때문일까요? 고기왕은 우리의 먹을거리가 지구촌 곳곳의 환경문제와 연결되어 있다는 것을 알게 되면서 좋아하는 음식만을 고집할 수 없었어요. 또 우리의 먹을거리에는 재료를 생산하는 사람, 음식을 만드는 사람과 먹는 사람 모두의 생각과 가치가 담겨 있다는 것도 알게 되었지요. 우리의 식탁에 놓인 음식에는 사람을 얼마나 소중하게 생각하느냐 하는 귀한 마음이 담겨 있다는 것을 말이에요.

우리의 식탁이 어떤 가치를 갖느냐는 우리의 선택에 따라 달라질 수 있어요. 당장에 혀를 즐겁게 하는 음식을 고집하며 환경 파괴와 질병 등의 무시무시한 가치를 담을 수도 있고, 꺼끌꺼끌 씹기에는 조금 힘이 드는 음식이라도 환경과 사람 모두에게 감사하는 마음을 담을 수도 있지요.

우리도 할 수 있어요. 고기왕 가족이 해로운 식탁을 버리고 건강한 식탁을 선택한 것처럼 우리도 우리의 식탁을 변화시킬 수 있어요. 한 끼의 식사가 건강하게 만들어지면 다음 한 끼의 식사는 더욱 건강해질 거예요. 이렇게 집집마다의 건강한 변화가 하나하나 쌓이면 지구촌 전체를 아름답게 지킬 수 있어요.

아름다운 한 끼 식사, 지금부터 시작이에요!

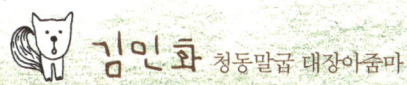

참고 도서 및 사이트

김종덕, 《음식문맹자, 음식시민을 만나다》(따비, 2013)
안젤라 로이스턴 저, 김종덕 편역, 《미래를 여는 소비》(다섯수레, 2010)
김종덕 원저, 김단비 저, 《어린이 먹을거리 구출 대작전》(웃는돌고래, 2011)
한봉지, 《한봉지 작가가 들려주는 소방귀의 비밀》(리젬, 2012)
김맹수, 《어린이를 위한 환경 보고서 – 땅》(해와나무, 2005)
이한승, 〈과학 오디세이 – 과학자는 광우병 애정남이 아니다〉(경향신문, 2012 05 13)

축산물품질평가원 www.apgs.co.kr
불교정토회 에코붓다 www.jungto.org
그린스타트 www.greenstart.co.kr

지구를 살리는 어린이 02

고기왕 가족의 나쁜 식탁

초판 1쇄 발행 2013년 6월 14일 **초판 6쇄 발행** 2022년 4월 29일

글 김민화 **그림** 소복이 **감수** 김종덕
펴낸이 이승현

편집3 본부장 최순영
교양 학습 팀장 김솔미 **책임편집** 윤지현
키즈 디자인 팀장 이수현 **디자인** 오세라

펴낸곳 ㈜위즈덤하우스 **출판등록** 2000년 5월 23일 제13-1071호
주소 서울특별시 마포구 양화로 19 합정오피스빌딩 17층
전화 02) 2179-5600
홈페이지 www.wisdomhouse.co.kr **전자우편** kids@wisdomhouse.co.kr

ⓒ김민화, 2013
ISBN 978-89-6247-378-0 74530
ISBN 978-89-6247-349-0(세트)

* 이 책의 전부 또는 일부 내용을 재사용하려면 반드시 사전에 저작권자와
  ㈜위즈덤하우스의 동의를 받아야 합니다.
* 인쇄·제작 및 유통상의 파본 도서는 구입하신 서점에서 바꿔드립니다.
* 책값은 뒤표지에 있습니다.
* 이 책의 사용 연령은 8~13세입니다.